Aprende a Vender Valor

Andrew Howard

Andrew Howard

Página de Derechos de Autor

Indice

Andrew Howard

El Poder del Valor en las Ventas

Vender valor es mucho más que simplemente ofrecer un producto o servicio a cambio de dinero. Es la habilidad de conectar profundamente con las necesidades y deseos de las personas, de hacerles sentir que lo que están recibiendo les va a mejorar la vida de alguna manera. El concepto de valor en las ventas se refiere a esa percepción que el cliente tiene sobre lo que está obteniendo en relación a lo que está pagando. No se trata solo del precio, sino de la sensación de satisfacción, la resolución de un problema o el logro de un objetivo. Cuando alguien compra algo, en realidad está comprando una solución, una promesa de mejora, y como vendedores, nuestro trabajo es asegurarnos de que esa promesa no solo sea cumplida, sino que se sienta como algo valioso y especial.

En el mundo de las ventas tradicionales, a menudo se piensa que el precio es el factor más importante. Muchos vendedores se obsesionan con competir en precio, bajando las tarifas o haciendo descuentos para atraer más clientes. Sin embargo, lo que verdaderamente distingue a una venta exitosa es la percepción de valor que tiene el cliente. El cliente estará dispuesto a pagar más por algo si siente que ese algo realmente vale la pena, si cree que está obteniendo más de lo que paga. Y ahí está el truco: nuestro trabajo no es competir en precio, sino en valor.

Imagina que entras a una tienda buscando un teléfono nuevo. En la primera tienda te muestran el modelo más barato, te dicen que es funcional y que hace lo básico. En la segunda tienda, el vendedor te explica cómo ese mismo modelo se adapta a tus necesidades, te muestra funciones que quizás no sabías que existían, te dice cómo puedes usar la cámara para mejorar tus fotos de vacaciones y te ofrece un servicio de atención al cliente personalizado si llegas a tener algún problema. Ambos teléfonos cuestan lo mismo, pero en la segunda tienda, sientes que estás obteniendo más. El valor percibido es mayor, aunque el precio sea idéntico. Este es el poder del valor en las ventas.

Agregar valor no solo se trata de ofrecer algo extra, sino de hacerlo de manera que el cliente lo sienta importante, relevante y personal. Muchas veces, pequeños detalles pueden marcar una gran diferencia. Una llamada de seguimiento después de una compra para asegurarse de que todo va bien, una recomendación personalizada, o incluso el simple hecho de explicar de manera clara y detallada cómo funciona el producto, son gestos que pueden transformar la experiencia de compra. Estos detalles no solo refuerzan la idea de que se está ofreciendo algo de calidad, sino que también construyen una relación de confianza entre el vendedor y el cliente.

Además, el valor no solo se mide en términos funcionales. Existen elementos emocionales y psicológicos que juegan un papel fundamental en cómo el cliente percibe una compra. La confianza en la marca o en el vendedor, la sensación de exclusividad o personalización, el buen trato y la experiencia de compra en general son factores que agregan valor. Si un cliente se siente escuchado, comprendido y valorado, va a estar más dispuesto a hacer la compra, y lo más importante, va a sentir que lo que está adquiriendo es mucho más valioso.

El verdadero desafío de vender valor es hacerlo desde el enfoque correcto. Si solo tratamos de vender un producto sin pensar en las necesidades del cliente, probablemente perderemos oportunidades. Pero si nuestra misión como vendedores es entender a fondo lo que la persona realmente busca, y a partir de ahí le mostramos cómo nuestro producto o servicio puede mejorar su vida, estamos creando una relación mucho más sólida y duradera. En ese momento, la venta deja de ser una transacción y se convierte en una ayuda genuina.

El poder del valor en las ventas también está en cómo nos posicionamos como solucionadores de problemas, no como meros vendedores. Cuando alguien viene a nosotros buscando algo, lo que realmente está buscando es una respuesta a una necesidad o un deseo. Si podemos mostrarle que lo que ofrecemos no solo cubre esa necesidad, sino que lo hace de manera más eficiente, más cómoda o más satisfactoria que otras opciones, entonces estamos creando un valor real. En ese momento, la percepción de valor del cliente aumenta, y con ella, su disposición a comprar.

Por lo tanto, no se trata de competir en quién puede ofrecer el precio más bajo, sino en quién puede ofrecer el mayor valor. Las personas siempre están dispuestas a pagar más si sienten que están obteniendo algo que vale realmente la pena. Y ese algo puede ser tangible, como una mejor calidad, o intangible, como la tranquilidad de saber que están en buenas manos. Lo que sea que ofrezcamos, debemos asegurarnos de que el cliente vea, sienta y entienda que está recibiendo más que solo un producto, que está recibiendo valor.

Finalmente, vender valor es una filosofía. Es una forma de hacer negocios en la que el enfoque no está en cerrar la venta a cualquier costo, sino en asegurarse de que el cliente salga de la interacción sintiendo que ha ganado algo significativo. Es una estrategia a largo plazo, porque un cliente que percibe valor es un cliente que regresa, que recomienda y que confía. Y esa confianza es lo que convierte a una venta ocasional en una relación de por vida.

El Primer Paso para Agregar Valor

Agregar valor en una venta no es algo que sucede por casualidad. Es el resultado de una planificación cuidadosa y, sobre todo, de un entendimiento profundo de a quién le estás vendiendo. El primer paso para poder ofrecer valor es conocer al cliente, y no hablo solo de saber su nombre o lo que necesita en ese momento, sino de entenderlo realmente como persona. Esto significa que debes ir más allá de la superficie y hacer un esfuerzo por conocer sus preocupaciones, sus deseos, lo que le frustra y lo que le motiva. Cuanto mejor lo conozcas, más fácil será identificar cómo puedes agregar valor a su vida.

Para empezar, es importante recordar que cada cliente es único. Puede que varias personas estén interesadas en el mismo producto, pero eso no significa que todas lo busquen por las mismas razones. Algunas personas pueden estar motivadas por la calidad, otras por el precio, y otras por la experiencia que obtendrán al utilizar el producto. Si logras descubrir qué es lo que realmente impulsa a tu cliente, podrás adaptar tu enfoque y ofrecerle algo que realmente le importe. Aquí es donde entra en juego el valor, porque no se trata solo de lo que vendes, sino de cómo lo haces sentir. Y para lograr eso, necesitas conocerlo bien.

La clave para conocer a tu cliente es la investigación y la observación. Antes de intentar vender algo, pregúntate: ¿qué está buscando realmente esta persona? ¿Qué problema tiene que necesita resolver? Estas preguntas son esenciales porque te ayudarán a ver más allá de la transacción. Si puedes comprender el problema o la necesidad del cliente desde su punto de vista, estarás en una posición mucho mejor para ofrecer una solución que realmente le agregue valor. Esto también significa que debes ser muy bueno escuchando. Escuchar es una de las habilidades más importantes en las ventas, pero no basta con oír lo que dicen, también debes entender el contexto detrás de sus palabras. A veces, los clientes no expresan directamente lo que necesitan, pero si prestas atención, podrás identificar esas señales.

Un error común en las ventas es asumir que todos los clientes buscan lo mismo o que sus motivaciones son obvias. Por ejemplo, una persona que entra a una tienda buscando una computadora portátil puede estar motivada por una variedad de razones: tal vez necesita algo rápido para el trabajo, quizás busca una herramienta para estudiar, o tal vez solo quiere algo que le permita ver películas y navegar en internet. Si intentas venderle la computadora más cara solo porque piensas que eso te dará una mayor comisión, es probable que pierdas la venta. Sin embargo, si dedicas tiempo a conocer sus necesidades, puedes descubrir qué es lo que realmente está buscando y ofrecerle la mejor opción para satisfacer esas necesidades, lo que al final agregará mucho más valor a la compra.

Conocer al cliente también implica conocer su situación actual y sus posibles limitaciones. Algunas personas pueden tener restricciones de presupuesto, otras pueden estar buscando algo que les ahorre tiempo, mientras que otras están interesadas en un producto que les haga la vida más fácil. Si logras entender esas limitaciones, puedes adaptar tu oferta para que se ajuste mejor a lo que ellos buscan. Aquí es donde realmente puedes marcar la diferencia, porque una venta exitosa no se trata solo de ofrecer lo que tienes, sino de ofrecer lo que el cliente necesita de manera personalizada. Es en ese punto donde se empieza a generar un verdadero valor.

También es importante reconocer que el valor no siempre se mide en términos de dinero. Algunas veces, un cliente puede estar dispuesto a pagar más por algo si siente que le estás ofreciendo algo valioso, como una garantía extendida, soporte técnico adicional o un servicio al cliente excepcional. Estos factores no tienen que ver directamente con el producto, pero sí afectan cómo el cliente percibe el valor de lo que está comprando. Por eso, conocer al cliente te permite descubrir qué aspectos adicionales puedes agregar a la experiencia de compra para que perciba un mayor valor.

Otro aspecto clave de conocer al cliente es entender sus emociones. Las decisiones de compra están influenciadas por emociones tanto como por la lógica. Si un cliente confía en ti, si siente que lo entiendes y que te importa lo que está buscando, será mucho más probable que perciba un valor mayor en lo que le ofreces. A veces, solo el hecho de tomarte el tiempo para hacer preguntas y escuchar puede ser suficiente para que el cliente sienta que lo estás valorando como persona, no solo como una venta más. Ese sentimiento es invaluable, y es una de las formas más efectivas de agregar valor.

Además de escuchar, también es esencial observar. Fíjate en cómo reacciona el cliente a lo que le estás mostrando. Si parece dudoso o inseguro, quizás necesite más información o una mejor explicación de cómo tu producto puede satisfacer sus necesidades. Si está entusiasmado o parece interesado en un aspecto específico, enfócate en eso y explícale cómo ese detalle en particular puede ser beneficioso para él. La observación atenta te ayudará a ajustar tu enfoque en tiempo real, lo que aumentará la probabilidad de que el cliente perciba valor en lo que le estás ofreciendo.

Finalmente, es importante recordar que el conocimiento del cliente no es un proceso que se complete de una sola vez. Es algo que debes cultivar a lo largo del tiempo. Cuanto más interactúes con tus clientes, más aprenderás sobre ellos, y esa información te permitirá seguir ajustando y mejorando la manera en que agregas valor. Además, cuando un cliente se siente comprendido y valorado, no solo será más propenso a comprar en ese momento, sino que también es probable que regrese en el futuro y te recomiende a otras personas.

En resumen, el primer paso para agregar valor en una venta es conocer profundamente a tu cliente. Este conocimiento te permite ofrecer soluciones personalizadas, adaptar tu enfoque, y generar confianza. No se trata solo de vender un producto, sino de resolver problemas y mejorar la vida de las personas de una manera significativa. Cuando realmente conoces a tu cliente, puedes agregar valor de formas que otros no pueden, y esa es la clave para construir relaciones duraderas y exitosas.

Escuchar para Entender, No para Vender

Escuchar es una habilidad que, aunque parece simple, a menudo se pasa por alto en el mundo de las ventas. Muchos vendedores se centran tanto en lo que quieren decir o en cómo presentar su producto que se olvidan de algo fundamental: lo que el cliente realmente está diciendo. Pero hay una gran diferencia entre simplemente oír lo que alguien dice y realmente entenderlo. Escuchar para entender es un enfoque mucho más profundo, y puede cambiar por completo el resultado de una venta. No se trata de esperar tu turno para hablar, ni de estar pensando en cómo cerrar la venta mientras el cliente explica su situación. Se trata de prestar atención genuina y de comprender lo que la persona necesita, siente y busca.

Cuando hablamos de escuchar para entender, nos referimos a poner toda nuestra atención en el cliente, sin distracciones ni agendas ocultas. En lugar de enfocarte en lo que vas a decir a continuación o en la respuesta rápida para convencer al cliente, tu atención debe estar totalmente en lo que el cliente te está expresando. No solo en las palabras que utiliza, sino en el tono de voz, en las emociones que muestra y en los gestos que acompaña con su discurso. Las personas no siempre dicen exactamente lo que quieren o necesitan, pero si realmente las escuchas, puedes captar mucho más de lo que están dispuestas a revelar con palabras. Este es un aspecto clave en agregar valor: comprender las verdaderas motivaciones del cliente para poder ofrecerle una solución adecuada.

Uno de los errores más comunes que cometen los vendedores es interrumpir al cliente antes de que termine de hablar. A veces, es fácil caer en la tentación de querer corregirlo, dar una respuesta rápida o asumir lo que va a decir antes de que lo termine de explicar. Este tipo de interrupciones no solo puede frustrar al cliente, sino que también te hace perder información valiosa. Si interrumpes, te estás privando de entender el cuadro completo. Escuchar con atención no solo demuestra respeto, sino que te permite captar detalles importantes que podrías pasar por alto si estás demasiado centrado en vender.

Escuchar para entender también significa hacer preguntas para aclarar lo que no entiendes o lo que necesitas profundizar. No tengas miedo de pedir más detalles o de hacer preguntas adicionales. Estas preguntas no deben hacerse con el objetivo de empujar al cliente hacia la compra, sino para entender mejor su situación, sus necesidades y sus preocupaciones. Por ejemplo, si un cliente menciona que necesita una solución para ahorrar tiempo en su negocio, podrías preguntarle: "¿Cuáles son las tareas específicas que te quitan más tiempo en tu día a día?". Este tipo de preguntas no solo muestran interés genuino en su problema, sino que te permiten identificar cómo tu producto o servicio puede ser una solución personalizada para esa necesidad específica.

Otro aspecto fundamental de escuchar para entender es evitar las suposiciones. A veces, creemos que ya sabemos lo que el cliente quiere porque hemos escuchado algo similar antes, o porque creemos que nuestro producto es la solución perfecta para todos los problemas. Pero cada cliente es diferente, y sus necesidades, aunque parezcan similares, pueden ser únicas. Si asumes que ya conoces la respuesta antes de que el cliente termine de hablar, podrías ofrecerle algo que no es lo que realmente necesita. La única manera de asegurarte de que le estás ofreciendo el valor adecuado es escuchando con la mente abierta, sin apresurarte a sacar conclusiones.

Escuchar también tiene un impacto directo en la confianza. Cuando un cliente siente que lo estás escuchando, y que realmente te importa lo que tiene que decir, es más probable que confíe en ti. La confianza es uno de los pilares fundamentales en cualquier relación de ventas exitosa. No importa qué tan bueno sea tu producto o servicio, si el cliente no confía en ti, difícilmente se sentirá cómodo haciendo una compra. Al escuchar para entender, estás mostrando al cliente que su satisfacción es tu prioridad, no solo cerrar la venta. Esto no solo ayuda a concretar la venta en ese momento, sino que también puede generar una relación a largo plazo, ya que los clientes valoran a los vendedores que realmente se preocupan por sus necesidades.

Además, escuchar te da una ventaja estratégica. Al entender completamente lo que el cliente está buscando, puedes adaptar tu oferta o tu presentación de manera mucho más efectiva. Por ejemplo, si sabes que el cliente tiene una preocupación particular, como la durabilidad del producto, puedes enfocarte en ese aspecto y mostrar cómo tu producto sobresale en ese campo. O si el cliente está más preocupado por el soporte técnico, puedes resaltar las garantías y los servicios de atención postventa que ofreces. De esta manera, tu oferta se vuelve mucho más personalizada y relevante para el cliente, lo que aumenta la percepción de valor.

Otra ventaja de escuchar atentamente es que te ayuda a anticipar objeciones. Los clientes, en muchas ocasiones, expresan indirectamente sus preocupaciones o dudas sobre un producto o servicio mientras hablan de sus necesidades. Si estás prestando atención, puedes detectar esos puntos y abordarlos antes de que se conviertan en objeciones formales. Por ejemplo, si un cliente menciona que ha tenido malas experiencias con productos similares en el pasado, puedes aprovechar esa información para explicar por qué tu producto es diferente y cómo puede evitar esos problemas. Esto te permite no solo ofrecer una solución adecuada, sino también aliviar cualquier inquietud que el cliente pueda tener.

Escuchar para entender también requiere paciencia. A veces, los clientes necesitan tiempo para explicar lo que realmente están buscando. Puede que no lo expresen de manera clara desde el principio, o que necesiten explorar varias ideas antes de llegar a una conclusión. Como vendedor, tu tarea es darles ese espacio, permitirles hablar sin prisa y asegurarte de que se sientan cómodos compartiendo sus pensamientos. La paciencia es una virtud en las ventas, y cuando los clientes sienten que no los estás apresurando, es más probable que se abran y compartan más detalles importantes sobre lo que realmente necesitan.

Al final del día, escuchar para entender, no para vender, es una de las estrategias más poderosas que puedes utilizar para agregar valor. Te permite conectarte con el cliente a un nivel mucho más profundo, te ayuda a ofrecer soluciones personalizadas y relevantes, y genera confianza y lealtad. Los vendedores que dominan esta habilidad no solo cierran más ventas, sino que también construyen relaciones más fuertes y duraderas con sus clientes. Y cuando los clientes sienten que realmente los entiendes, es cuando empiezan a ver el verdadero valor en lo que les ofreces.

Cómo Posicionar Tu Producto como Solución Valiosa

Posicionar tu producto como una solución valiosa es esencial para que los clientes lo perciban como algo que realmente necesitan en sus vidas. No basta con simplemente mostrar lo que hace tu producto o servicio, tienes que lograr que las personas lo vean como la respuesta a un problema que enfrentan o como una mejora significativa en sus vidas. La clave está en cambiar la conversación de lo que tu producto ofrece, a lo que puede hacer por el cliente. Se trata de crear una conexión entre las características del producto y las necesidades del cliente. Cuando logras que el cliente vea el valor real que puede obtener, es más probable que esté dispuesto a hacer la compra.

Para empezar, es fundamental entender que las personas no compran productos, compran soluciones. Esto significa que no están interesadas en los detalles técnicos o en la lista de características de lo que vendes, a menos que esas características tengan un impacto directo en su vida. Por ejemplo, si estás vendiendo un coche, el cliente no está tan interesado en los caballos de fuerza o en el tamaño del motor; lo que le importa es cómo ese coche puede mejorar su experiencia diaria, si le permitirá ahorrar tiempo, si es seguro para su familia o si le brindará comodidad en sus trayectos. Debes ser capaz de traducir las características de tu producto en beneficios tangibles que el cliente pueda valorar.

Una de las primeras cosas que debes hacer para posicionar tu producto como una solución valiosa es entender el problema que el cliente está tratando de resolver. Esto implica escuchar con atención y hacer preguntas clave que te ayuden a identificar sus necesidades. Si sabes exactamente cuál es el problema del cliente, puedes mostrarle cómo tu producto se adapta a su situación específica. Por ejemplo, si vendes una aplicación para la gestión del tiempo y descubres que tu cliente tiene problemas para organizar su jornada de trabajo, puedes explicarle cómo tu aplicación lo ayudará a aumentar su productividad y reducir el estrés, en lugar de simplemente hablar sobre las características del software.

Otro aspecto importante es destacar los beneficios únicos de tu producto. Casi siempre, tu producto tendrá competencia, por lo que debes dejar claro qué lo hace diferente y, sobre todo, por qué esa diferencia es valiosa para el cliente. No se trata solo de ser mejor en general, sino de ser mejor en lo que es más importante para tu cliente. Si tu producto tiene una característica especial que resuelve un problema común de manera más efectiva que otros productos en el mercado, eso es algo que debes resaltar de forma clara y directa. Al hacerlo, estás ayudando al cliente a entender que tu producto no es solo una opción más, sino la mejor opción para sus necesidades específicas.

También es crucial contar historias que conecten emocionalmente con el cliente. Las historias tienen el poder de hacer que el valor de tu producto se sienta más real y accesible. Puedes contar ejemplos de cómo otras personas han utilizado tu producto y cómo ha mejorado su vida o su negocio. Estas historias permiten que el cliente se imagine a sí mismo usando el producto y obteniendo los mismos beneficios. Por ejemplo, si vendes un software de contabilidad y le cuentas al cliente cómo un pequeño empresario como él logró simplificar sus finanzas y ahorrar tiempo gracias al software, es probable que el cliente se sienta identificado y vea el valor real que puede obtener. Las historias crean una conexión emocional que refuerza la percepción de valor.

Además, debes ser capaz de comunicar claramente el retorno de la inversión (ROI) que el cliente obtendrá al usar tu producto. Esto no necesariamente significa un retorno financiero, aunque en algunos casos puede serlo. El ROI puede ser medido en tiempo ahorrado, en comodidad, en satisfacción personal, en reducción de estrés, o en cualquier otro beneficio que sea importante para el cliente. Cuando logras que el cliente vea que la inversión que está haciendo en tu producto le devolverá algo mucho mayor que lo que está pagando, el valor percibido aumenta considerablemente. Si vendes un servicio de diseño web, por ejemplo, podrías explicar cómo una inversión en un sitio web profesional atraerá más clientes y generará más ventas, lo que se traducirá en beneficios mucho mayores que el costo inicial.

Otro punto clave es hacer que el cliente sienta que tu producto está diseñado específicamente para él. Esto se puede lograr personalizando tu mensaje y adaptando tu presentación a las necesidades particulares de cada cliente. Si logras que el cliente sienta que tu producto está hecho a medida para resolver su problema único, se incrementará automáticamente la percepción de valor. Por ejemplo, si vendes soluciones tecnológicas, en lugar de ofrecer un paquete estándar, podrías sugerir un enfoque personalizado basado en las necesidades específicas de la empresa del cliente. Esta personalización no solo le hace ver que tu producto es adecuado para su situación, sino que además refuerza la idea de que estás interesado en ayudarlo a encontrar la mejor solución.

La confianza también juega un papel muy importante en la percepción de valor. Para posicionar tu producto como una solución valiosa, debes asegurarte de que el cliente confíe en lo que estás ofreciendo. La confianza se construye con honestidad, transparencia y respaldo. Asegúrate de explicar de manera clara lo que tu producto puede y no puede hacer, y no hagas promesas exageradas que no puedas cumplir. Los testimonios de otros clientes, estudios de caso, y garantías de satisfacción son formas efectivas de generar confianza. Si el cliente sabe que otros ya han obtenido buenos resultados con tu producto y que tienes la confianza suficiente para ofrecer una garantía, es más probable que perciba tu producto como valioso.

Otro aspecto para tener en cuenta es la experiencia de compra. No se trata solo del producto en sí, sino también de cómo el cliente se siente a lo largo del proceso de compra. Una experiencia de compra fluida, sin complicaciones y acompañada de un excelente servicio al cliente puede aumentar significativamente la percepción de valor. Si el cliente siente que lo estás cuidando desde el primer momento, que le ofreces apoyo, que respondes a sus preguntas y que estás ahí para ayudarlo en cada paso, su percepción de tu producto será mucho más positiva.

Por último, siempre recuerda que el valor percibido es algo subjetivo. No puedes forzar al cliente a ver tu producto como valioso, pero sí puedes guiarlo para que descubra el valor por sí mismo. Esto se logra a través de una comunicación clara, honesta y enfocada en los beneficios que realmente importan para el cliente. Cuando logras que el cliente vea cómo tu producto mejora su vida, resuelve sus problemas o le brinda algo significativo, habrás posicionado tu producto como una solución valiosa. Y cuando un cliente percibe valor en algo, estará dispuesto a invertir en ello sin dudarlo.

Agregando Valor Emocional

Agregar valor emocional a un producto o servicio es una de las formas más poderosas de conectar con los clientes y de lograr que perciban algo mucho más allá de lo tangible. Las emociones juegan un papel crucial en el proceso de toma de decisiones, y cuando logras que un cliente se sienta emocionalmente vinculado a lo que ofreces, estás creando un valor que no puede ser medido solo en términos económicos. La gente no siempre compra porque necesita un producto, a menudo compra porque ese producto les hace sentir algo, ya sea felicidad, orgullo, seguridad, o incluso conexión. Este tipo de valor emocional es lo que transforma una simple transacción en una experiencia significativa, y es lo que puede diferenciar a tu producto o servicio de cualquier otro en el mercado.

Uno de los primeros pasos para agregar valor emocional es entender que las emociones son lo que impulsa muchas de las decisiones de compra. Cuando una persona compra un producto, no solo está adquiriendo un objeto o un servicio, está comprando una experiencia. Por ejemplo, cuando alguien compra un coche, no solo está comprando un medio de transporte.

Puede estar comprando la sensación de libertad que ese coche le ofrece, la seguridad que siente al saber que está protegiendo a su familia o incluso el estatus que viene con conducir un modelo específico. De la misma manera, cuando alguien adquiere un perfume, no está comprando solo una fragancia, sino la confianza que siente al usarlo y la emoción que provoca en los demás. El producto en sí es solo una parte del valor total; la emoción que genera es lo que realmente importa.

Para lograr esto, es fundamental crear una historia alrededor de tu producto o servicio que conecte emocionalmente con los clientes. Las historias son una herramienta poderosa porque apelan directamente a las emociones humanas. Si puedes contar la historia de cómo tu producto fue creado, por qué es importante o cómo ha cambiado la vida de otros, estarás agregando un nivel emocional que resonará con las personas. Por ejemplo, si vendes productos ecológicos, puedes contar la historia de cómo esos productos están ayudando a proteger el medio ambiente y a cuidar el planeta para las futuras generaciones.

Esta historia tocará las emociones de aquellos que valoran la sostenibilidad y que quieren sentirse bien con sus decisiones de compra, sabiendo que están contribuyendo a una causa mayor.

Además, agregar valor emocional implica hacer que el cliente se sienta especial y apreciado. Las personas quieren sentirse valoradas, y cuando logras que un cliente sienta que es más que un simple número o una transacción, se crea una conexión emocional más fuerte. Esto puede lograrse a través de pequeños detalles, como un servicio personalizado, un agradecimiento sincero después de una compra o un seguimiento postventa que demuestre que te importa su satisfacción. Estos gestos no son necesariamente costosos o difíciles de implementar, pero tienen un impacto profundo en cómo el cliente percibe la relación con tu marca. Cuando un cliente siente que realmente lo valoras, su lealtad hacia tu producto o servicio aumenta considerablemente.

Otro aspecto importante es que el valor emocional también se puede agregar a través de las experiencias que ofreces junto con tu producto o servicio. Las experiencias pueden ser incluso más memorables que el producto en sí. Por ejemplo, una empresa de tecnología que ofrece productos innovadores también puede organizar eventos exclusivos para sus clientes donde se les permita probar nuevos lanzamientos antes que nadie. Esto no solo crea una sensación de exclusividad, sino que también genera emoción y entusiasmo en torno a la marca. Estas experiencias emocionales refuerzan el vínculo entre el cliente y el producto, haciendo que la compra sea mucho más que una simple transacción; se convierte en un evento memorable.

La autenticidad también juega un papel fundamental en la creación de valor emocional. Los clientes son cada vez más hábiles para detectar cuando una empresa o un vendedor no es auténtico, y esto puede alejar a las personas en lugar de atraerlas. Para agregar verdadero valor emocional, debes ser genuino en tu enfoque. Si hablas sobre el impacto positivo de tu producto en la vida de las personas, asegúrate de que esas afirmaciones sean reales y verificables. Si prometes una experiencia emocional particular, como bienestar, satisfacción o felicidad, tienes que cumplir con esa promesa. La autenticidad genera confianza, y la confianza es una emoción poderosa que puede influir en las decisiones de compra a largo plazo.

La personalización es otro elemento clave cuando se trata de agregar valor emocional. A las personas les gusta sentirse únicas, y cuando puedes adaptar tu producto o servicio para que se sienta personalizado, el valor emocional se incrementa significativamente. No se trata solo de grabar el nombre del cliente en un producto, sino de hacer que la experiencia completa se sienta diseñada específicamente para ellos. Esto podría ser a través de recomendaciones personalizadas basadas en sus preferencias, o ofreciendo productos que resuelvan sus problemas específicos. Cuando un cliente siente que has prestado atención a sus necesidades individuales y que estás ofreciéndole algo que está hecho para él, su conexión emocional con lo que ofreces será mucho más fuerte.

También es importante recordar que agregar valor emocional no siempre significa crear sentimientos positivos inmediatos. A veces, el valor emocional se genera ayudando al cliente a superar una dificultad o a enfrentar un desafío. Por ejemplo, si tu producto o servicio ayuda a las personas a superar una situación difícil, como un problema de salud o un momento de estrés en sus vidas, estarás generando un valor emocional duradero. Este tipo de conexión emocional puede ser incluso más fuerte, ya que las personas recuerdan con gratitud aquellos momentos en los que alguien o algo los ayudó a mejorar su situación. Si logras que tu producto se asocie con la solución de un problema importante, la percepción de valor emocional será inmensa.

La lealtad del cliente es otro gran resultado del valor emocional. Las personas no siempre recuerdan los detalles exactos de lo que compraron, pero sí recuerdan cómo se sintieron durante el proceso de compra y cómo las hizo sentir el producto después. Si tu producto o servicio logra generar emociones positivas, es más probable que los clientes vuelvan a comprar y que te recomienden a otros. Las emociones son contagiosas, y un cliente satisfecho que ha experimentado una fuerte conexión emocional con tu marca hablará de ello con sus amigos, familiares o colegas. Esto no solo aumenta la percepción de valor para ellos, sino que también extiende ese valor emocional a otros potenciales clientes.

Por último, no olvides que agregar valor emocional es un proceso continuo. No se trata solo de crear una emoción positiva durante la compra y luego olvidarse del cliente. Debes seguir nutriendo esa conexión emocional a lo largo del tiempo, a través de un servicio al cliente excepcional, comunicación constante y ofreciendo nuevas experiencias que mantengan viva la emoción que sentían al principio. Las marcas que logran mantener esta conexión emocional a lo largo del tiempo son aquellas que construyen relaciones a largo plazo con sus clientes, y esas relaciones son la base de un negocio exitoso.

En resumen, agregar valor emocional es una estrategia clave para diferenciar tu producto o servicio en un mercado competitivo. Se trata de crear una conexión más allá de lo funcional, de hacer que los clientes sientan algo que los motive a elegir tu marca por encima de las demás. Cuando logras tocar las emociones correctas, no solo estarás vendiendo un producto, estarás creando una experiencia que los clientes valorarán y recordarán.

El Arte de Educar al Cliente

Educar al cliente es una de las habilidades más importantes que puedes desarrollar cuando buscas agregar valor en el proceso de ventas. No se trata solo de venderle algo al cliente, sino de asegurarte de que entienda completamente lo que está comprando, cómo puede beneficiarse y por qué tu producto o servicio es la mejor opción para resolver sus necesidades. Educar al cliente significa guiarlo de manera paciente y clara a lo largo del proceso de compra, brindándole la información que necesita para tomar una decisión informada. Cuando el cliente se siente educado y no solo vendido, su confianza en ti y en lo que ofreces crece considerablemente. Y cuando hay confianza, las ventas se vuelven más fluidas.

Lo primero que debes comprender es que la mayoría de las personas no siempre saben lo que necesitan o cómo un producto puede ayudarlas. A veces, incluso, no son conscientes del problema que tienen hasta que alguien se los explica. Por eso, educar al cliente empieza por ayudarle a entender cuál es su situación actual y cómo tu producto o servicio puede hacer su vida más fácil, más cómoda o más eficiente. Esto implica que debes ser más que un vendedor; debes convertirte en un guía, alguien que acompaña al cliente en el proceso de descubrir qué es lo que realmente necesita. Este enfoque no solo te ayudará a cerrar más ventas, sino que también te posicionará como una autoridad en tu campo.

Un aspecto clave en la educación del cliente es evitar la tentación de hablar solo sobre tu producto. Si te concentras únicamente en las características de lo que vendes sin explicar cómo estas características ayudan al cliente, corres el riesgo de perder su interés. En lugar de eso, debes tomarte el tiempo para mostrarle cómo esas características solucionan un problema o mejoran su vida de alguna manera. Si vendes una aspiradora, por ejemplo, el cliente no necesita saber que tiene un motor de alta potencia o que pesa cinco kilos. Lo que realmente le importa es que la aspiradora puede limpiar su casa en la mitad del tiempo y que es fácil de manejar. La clave está en traducir la información técnica en beneficios prácticos y fáciles de entender.

La paciencia es una herramienta muy valiosa cuando educas a un cliente. Es común que los clientes no entiendan completamente un producto o servicio desde el principio, y es tu trabajo tomarte el tiempo necesario para explicar las cosas con claridad. A veces, puede ser frustrante tener que repetir lo mismo varias veces, pero si lo haces con paciencia y amabilidad, el cliente lo apreciará. Esto no solo hará que se sienta más cómodo contigo, sino que también creará una relación de confianza. Los clientes tienden a valorar más a aquellos vendedores que se toman el tiempo para explicarles todo de manera clara, sin prisas ni presiones. Recuerda que una venta exitosa no se trata de apresurar al cliente, sino de asegurarte de que realmente entiende el valor de lo que está comprando.

También es importante recordar que educar al cliente no termina cuando se concreta la venta. De hecho, la verdadera educación a menudo comienza después de que el cliente ha comprado tu producto o servicio. Debes asegurarte de que sepa cómo utilizarlo correctamente para maximizar los beneficios. Esto es particularmente importante cuando se trata de productos o servicios más complejos. Un cliente bien educado es mucho más propenso a estar satisfecho con su compra, lo que significa que es más probable que regrese para futuras compras y que recomiende tu producto o servicio a otros. Incluso podrías ofrecerle tutoriales o guías que le expliquen cómo obtener el mayor provecho de su compra, y así asegurar que su experiencia sea lo más positiva posible.

Una parte fundamental de educar al cliente es ser transparente. Los clientes quieren saber exactamente lo que están obteniendo y cómo funciona el producto o servicio. Si intentas ocultar detalles o hacer promesas que no puedes cumplir, no solo perderás la venta, sino también la confianza del cliente. Debes ser honesto acerca de las capacidades y limitaciones de tu producto. Si un cliente tiene una pregunta sobre algo que no es claro, responde con sinceridad, incluso si la respuesta no es lo que él esperaba escuchar. Esta honestidad no solo construye confianza, sino que también refuerza tu imagen como un vendedor confiable que realmente quiere lo mejor para sus clientes.

Además, es importante adaptar tu enfoque educativo al nivel de conocimiento del cliente. Algunos clientes ya sabrán mucho sobre el tipo de producto o servicio que ofreces, mientras que otros no tendrán ni idea de por dónde empezar. Debes ser capaz de ajustar tu discurso en función del nivel de conocimiento del cliente para no abrumarlo con información innecesaria ni aburrirlo con detalles que ya conoce. Si un cliente ya está bien informado, enfócate en los detalles que podrían marcar la diferencia para él. Si, por el contrario, es alguien nuevo en el tema, empieza por lo básico y ve aumentando la complejidad de la información de manera gradual. De esta manera, te aseguras de que cada cliente reciba la cantidad de información que realmente necesita.

Una técnica efectiva para educar al cliente es hacer uso de ejemplos concretos. Las personas aprenden mejor cuando pueden visualizar cómo un producto o servicio puede impactar sus vidas de manera tangible. Puedes utilizar ejemplos de otros clientes que hayan tenido problemas similares y cómo tu producto o servicio los ayudó a resolver esos problemas. Esta forma de enseñanza es mucho más poderosa que simplemente enumerar características, porque permite que el cliente vea cómo lo que ofreces puede aplicarse directamente a su situación. Por ejemplo, si vendes un software de gestión de proyectos, podrías contar la historia de cómo una empresa pequeña logró aumentar su productividad y reducir el caos en su día a día gracias a tu software. Los ejemplos concretos hacen que el cliente pueda imaginarse usando el producto y viendo los resultados en su propia vida.

Un aspecto interesante de educar al cliente es que, muchas veces, lo que enseñas no está directamente relacionado con tu producto, pero igual es valioso para el cliente. Por ejemplo, si vendes servicios de consultoría financiera, puedes educar al cliente sobre buenos hábitos financieros en general, no solo sobre cómo utilizar tus servicios. Este tipo de educación adicional demuestra que te importa su bienestar más allá de la venta, y eso refuerza tu relación con el cliente. Además, cuando ofreces valor educativo gratuito y útil, es más probable que el cliente te vea como un recurso valioso y que confíe en ti cuando llegue el momento de comprar.

Otra herramienta poderosa para educar a los clientes es aprovechar el contenido en línea. Hoy en día, muchos clientes prefieren investigar por su cuenta antes de tomar una decisión de compra. Si puedes ofrecer recursos educativos en tu sitio web, como blogs, videos o tutoriales, estarás ayudando a los clientes a aprender por sí mismos y, al mismo tiempo, posicionándote como una autoridad en el tema. Estos recursos no solo educan, sino que también mantienen a los clientes interesados en lo que ofreces, creando una conexión constante con tu marca. Además, al educar al cliente en línea, puedes llegar a más personas de manera eficiente y efectiva.

Por último, no olvides que educar al cliente es un proceso continuo. No es algo que suceda de un día para otro, sino que requiere tiempo y dedicación. Es probable que los clientes tengan preguntas o dudas a lo largo del tiempo, y estar disponible para ellos es crucial. Cuando un cliente siente que puede contar contigo para obtener respuestas y guía en cualquier momento, su confianza en ti y en tu producto crecerá. La educación continua crea relaciones duraderas, y esas relaciones son las que te llevarán al éxito a largo plazo.

En resumen, el arte de educar al cliente consiste en ayudarlo a entender cómo tu producto o servicio puede mejorar su vida, proporcionarle la información que necesita de manera clara y accesible, y acompañarlo durante todo el proceso de compra y más allá. Cuando logras educar a un cliente, no solo estás facilitando una venta, sino que estás construyendo una relación basada en confianza y valor, lo que es esencial para el éxito en cualquier negocio.

La Filosofía de Ayudar Primero, Vender Después

La filosofía de "ayudar primero, vender después" cambia por completo la manera tradicional de ver las ventas. Durante mucho tiempo, la venta se ha enfocado en cerrar el trato lo más rápido posible, en persuadir al cliente para que compre sin importar si realmente lo que está adquiriendo es lo que necesita. Pero en un mundo donde los clientes son cada vez más informados y exigentes, esa mentalidad ya no funciona de la misma manera. Hoy en día, los consumidores buscan algo más que una simple transacción; quieren sentir que están tomando una decisión inteligente, que realmente están recibiendo valor, y que la persona o empresa que les vende se preocupa por sus intereses. Esta es la esencia de la filosofía de ayudar primero y vender después: se trata de poner las necesidades del cliente en primer lugar, de ofrecer soluciones antes de ofrecer productos, y de construir una relación basada en la confianza.

El enfoque tradicional de ventas muchas veces genera una especie de desconfianza natural en los clientes. Todos hemos estado en situaciones donde sentimos que un vendedor solo está interesado en su comisión o en vendernos algo rápidamente, sin importar si realmente lo necesitamos o no. En estos casos, nos sentimos presionados, incómodos, y muchas veces decidimos no comprar simplemente porque no queremos caer en esa trampa. En cambio, cuando el enfoque se basa en ayudar primero, el cliente se siente más relajado, valorado y, lo más importante, comprendido. Esto abre la puerta a una conversación mucho más honesta y fluida, donde el cliente puede expresar sus verdaderas preocupaciones y donde tú, como vendedor, tienes la oportunidad de ofrecer una solución adecuada.

La idea de ayudar primero implica que no debes centrarte de inmediato en el producto o servicio que vendes, sino en las necesidades y problemas del cliente. Es importante escuchar atentamente lo que el cliente está diciendo, hacer preguntas que profundicen en sus inquietudes y buscar soluciones que realmente le aporten valor. Esto puede significar, en algunos casos, que el producto que estás vendiendo no sea la mejor opción para él en ese momento, y eso está bien. El simple acto de recomendar algo que sea más adecuado, aunque no sea lo que vendes directamente, puede generar una relación de confianza a largo plazo. Las personas valoran a quienes las ayudan sin una agenda oculta, y esto hace que vuelvan una y otra vez cuando necesiten algo en el futuro.

Un ejemplo claro de esta filosofía puede verse en los negocios que se enfocan en la atención al cliente. Imagina entrar a una tienda buscando una solución para un problema específico. Si el vendedor inmediatamente trata de convencerte de que compres el producto más caro o el que le genera mayor ganancia, es probable que sientas desconfianza. Pero si ese mismo vendedor se toma el tiempo para entender lo que realmente necesitas y te recomienda algo que no solo resuelve tu problema, sino que también se ajusta a tu presupuesto y expectativas, te sentirás agradecido y confiado. Este tipo de interacción no solo lleva a una venta inmediata, sino que también construye una relación a largo plazo. La próxima vez que necesites algo, probablemente regresarás a esa misma tienda porque recordarás cómo te ayudaron sin presionarte.

Otro aspecto importante de esta filosofía es que, al ayudar primero, te estás posicionando como un asesor de confianza, no solo como un vendedor. La gente tiende a ser leal a quienes les brindan buenos consejos y les ayudan a tomar decisiones informadas. Cuando los clientes perciben que tu objetivo principal es ayudarlos, están más dispuestos a escuchar lo que tienes que decir y a confiar en tus recomendaciones. De esta manera, no solo te conviertes en alguien que vende productos, sino en una fuente confiable a la que recurrirán cada vez que necesiten resolver un problema o tomar una decisión de compra importante.

Un error común es pensar que ayudar primero significa no vender. En realidad, es todo lo contrario. La filosofía de ayudar primero aumenta las probabilidades de cerrar una venta porque los clientes, al sentirse atendidos y comprendidos, estarán más dispuestos a comprar algo que les resuelve un problema real. En lugar de sentir que están siendo manipulados, sienten que están tomando una decisión basada en la información que tú les has proporcionado. Esta decisión es mucho más sólida y satisfactoria, lo que no solo lleva a una venta en ese momento, sino también a futuras compras, recomendaciones y lealtad hacia tu negocio.

Ayudar primero también implica anticipar las necesidades del cliente. Esto significa que debes conocer bien tu producto o servicio, pero también el contexto en el que tu cliente lo va a utilizar. Debes ser capaz de prever qué problemas podría enfrentar y ofrecer soluciones antes de que siquiera se dé cuenta de que las necesita. Este tipo de anticipación refuerza la idea de que estás ahí para ayudar, no solo para vender. Por ejemplo, si trabajas vendiendo software y sabes que tu cliente está comprando una herramienta para mejorar la gestión de su equipo, podrías ofrecerle asesoramiento adicional sobre cómo implementarla correctamente, o sugerirle un paquete de soporte técnico para asegurar que todo funcione sin problemas. Esta ayuda proactiva no solo agrega valor al producto, sino que también demuestra que realmente te importa el éxito de tu cliente.

Es importante mencionar que ayudar primero no siempre significa ofrecer soluciones que involucren una venta directa. A veces, el mejor modo de ayudar a un cliente es proporcionarle información valiosa, incluso si eso no lleva a una compra inmediata. Puede ser una guía, un consejo o simplemente tomarte el tiempo para responder a sus preguntas sin esperar nada a cambio. Este tipo de interacción construye confianza y crea una relación a largo plazo con el cliente. Cuando la persona esté lista para comprar, recordará que tú fuiste quien lo ayudó, y estará más inclinada a comprarte a ti.

También hay un componente emocional en esta filosofía. Los seres humanos somos criaturas emocionales, y nuestras decisiones de compra a menudo están influenciadas por cómo nos sentimos. Cuando un cliente siente que lo están ayudando sinceramente, que sus intereses están siendo priorizados y que está recibiendo un valor real, es mucho más probable que experimente emociones positivas asociadas con la compra. Estas emociones pueden incluir gratitud, confianza, seguridad y satisfacción. Todas estas son emociones que aumentan la probabilidad de una venta y, lo más importante, de una relación duradera entre cliente y vendedor.

En esta filosofía de ayudar primero, el enfoque está en construir relaciones, no solo en hacer una venta. Las relaciones a largo plazo son mucho más valiosas que las ventas rápidas. Un cliente que confía en ti no solo te comprará una vez, sino que volverá cuando necesite algo más, e incluso te recomendará a otras personas. Esto es mucho más rentable a largo plazo que centrarse en ventas inmediatas. Además, los clientes leales tienden a ser menos sensibles al precio, ya que valoran más la calidad del servicio y la confianza que has construido con ellos. En otras palabras, la filosofía de ayudar primero crea clientes que no solo compran, sino que también se convierten en embajadores de tu marca.

En resumen, la filosofía de ayudar primero y vender después es una estrategia que puede transformar la manera en que haces negocios. Se trata de poner las necesidades del cliente en primer lugar, de construir relaciones basadas en la confianza y de ofrecer valor antes de siquiera hablar de una venta. Es un enfoque que no solo aumenta las probabilidades de cerrar ventas, sino que también crea clientes leales que estarán dispuestos a regresar una y otra vez. Cuando ayudas primero, estás invirtiendo en relaciones a largo plazo que son mucho más valiosas y duraderas que cualquier venta rápida. Este es el verdadero valor de vender con una mentalidad de ayuda.

Cómo Crear Experiencias Memorables

Crear experiencias memorables para tus clientes es una de las estrategias más poderosas que puedes utilizar para destacarte en un mercado competitivo. Hoy en día, los clientes no solo buscan productos o servicios; también quieren vivir algo único, algo que los haga recordar la compra como algo más que una simple transacción. Crear experiencias memorables es, en esencia, convertir el acto de vender en algo que va más allá del simple intercambio de dinero. Se trata de conectar con las emociones del cliente, de sorprenderlo y de brindarle una experiencia que no solo cumpla con sus expectativas, sino que las supere. Cuando logras esto, tu cliente no solo estará satisfecho, sino que se convertirá en un embajador de tu marca, alguien que hablará de ti con entusiasmo y recomendará lo que ofreces.

Una de las claves para crear una experiencia memorable es prestar atención a los pequeños detalles. Muchas veces, no es el producto en sí lo que hace que un cliente recuerde una compra, sino la manera en que fue tratado o cómo se sintió durante el proceso. Por ejemplo, si un cliente entra en una tienda y es recibido con una sonrisa genuina, un ambiente agradable y un servicio amable, esa primera impresión ya está creando una experiencia positiva. Esos pequeños detalles, que pueden parecer insignificantes, son los que marcan la diferencia. No cuesta nada ser amable o estar atento, pero el impacto que tiene en el cliente es enorme.

Además de los pequeños detalles, es importante crear momentos sorpresa. A todos nos gusta recibir algo inesperado, algo que no veíamos venir. Esto no significa que tengas que regalar cosas o hacer grandes gestos todo el tiempo, sino que pienses en cómo puedes sorprender a tus clientes de manera creativa. Puede ser algo tan simple como una nota de agradecimiento escrita a mano después de una compra, o un descuento inesperado en su siguiente compra. También puede ser ofrecerles un servicio extra que no esperaban, como ayudarles a resolver un problema que no esté relacionado directamente con lo que venden, pero que mejora su experiencia general. Estos momentos sorpresa generan una gran impresión en los clientes porque no están acostumbrados a recibir más de lo que pagaron. Cuando lo hacen, esa sensación de gratitud y sorpresa se queda con ellos mucho tiempo después de la compra.

Otro aspecto importante en la creación de experiencias memorables es personalizar la interacción con el cliente. A nadie le gusta sentirse como un número más en una lista o como un comprador genérico. Cuando haces sentir al cliente que es especial, que lo conoces y te preocupas por sus necesidades específicas, le estás dando una experiencia que no podrá encontrar en otro lugar. Un buen ejemplo de esto es recordar los nombres de tus clientes habituales, saber qué compran con frecuencia o estar atento a sus preferencias. En el mundo digital, esto se puede hacer a través de correos electrónicos personalizados o recomendaciones de productos basadas en compras anteriores. Pero, incluso en una interacción cara a cara, pequeños gestos como preguntar sobre sus preferencias o recordar detalles personales pueden hacer una gran diferencia. Personalizar el trato hace que el cliente se sienta valorado y le da la sensación de que realmente te importa su bienestar, no solo su dinero.

La experiencia de compra no termina cuando el cliente paga y se va. Un error común que cometen muchas empresas es pensar que una vez que el dinero ha cambiado de manos, el trabajo está hecho. En realidad, la parte más importante de crear una experiencia memorable puede suceder después de la compra. El seguimiento post-venta es una excelente oportunidad para mostrarle al cliente que te importa su satisfacción a largo plazo. Puedes enviarle un correo o hacer una llamada para asegurarte de que está contento con lo que compró, o preguntarle si tiene alguna duda o inquietud. Este tipo de atención post-venta puede marcar una gran diferencia en la forma en que el cliente percibe su experiencia global. Incluso si tuvo algún problema o inconveniente, tu disposición para resolverlo rápidamente y de manera eficiente puede transformar una situación negativa en una experiencia memorable.

El ambiente en el que el cliente interactúa con tu negocio también juega un papel fundamental en la creación de una experiencia memorable. Si tienes una tienda física, debes pensar en todos los aspectos que afectan la experiencia del cliente cuando entra. La decoración, la música, la iluminación, el aroma y el orden en el que están dispuestos los productos son factores que influyen en cómo se siente el cliente mientras está en tu tienda. Por ejemplo, un ambiente acogedor y bien diseñado puede hacer que el cliente se sienta cómodo y relajado, lo que mejora su disposición para comprar. Si tienes un negocio en línea, la experiencia de usuario en tu sitio web es igual de importante. El sitio debe ser fácil de navegar, estéticamente agradable y rápido en sus tiempos de respuesta. Un proceso de compra sencillo y eficiente hace que el cliente se sienta bien atendido y valorado.

La comunicación también es un elemento clave en la creación de una experiencia memorable. Desde el primer contacto con el cliente, ya sea en persona, por teléfono o a través de un correo electrónico, la manera en que te comunicas marcará la pauta para la experiencia que tendrá. Debes ser claro, amable y estar siempre disponible para resolver dudas o preocupaciones. La comunicación fluida y abierta genera confianza, y la confianza es un componente esencial para crear una experiencia memorable. Si el cliente siente que puede hablar contigo sin problemas, que siempre estás disponible para ayudar y que te interesa lo que tiene que decir, es mucho más probable que guarde una buena impresión de su interacción contigo.

Es importante destacar que no todas las experiencias memorables tienen que estar ligadas a un gran esfuerzo o a una inversión de recursos considerables. Muchas veces, las experiencias más memorables son aquellas que demuestran una atención genuina hacia el cliente. Escuchar lo que tiene que decir, mostrar empatía por su situación y estar dispuesto a ir un poco más allá para hacer su vida más fácil son formas simples pero poderosas de crear una conexión emocional con el cliente. Por ejemplo, si un cliente tiene un problema con un producto y se lo resuelves rápidamente, sin poner obstáculos, no solo estará satisfecho, sino que recordará esa experiencia positiva cada vez que piense en tu negocio.

Uno de los grandes beneficios de crear experiencias memorables es que no solo aumentas la probabilidad de que el cliente vuelva, sino que también estás creando una historia que el cliente querrá compartir con otros. En el mundo del marketing, esto se conoce como "marketing boca a boca", y es una de las formas más efectivas de atraer nuevos clientes. Cuando un cliente tiene una experiencia tan buena que siente la necesidad de contársela a sus amigos, familiares o en redes sociales, está haciendo el trabajo de promocionar tu negocio por ti. Y lo mejor de todo es que este tipo de promoción es completamente genuina. No hay mejor publicidad que la recomendación sincera de alguien que ha tenido una experiencia increíble con tu marca.

Finalmente, para crear experiencias memorables, debes estar dispuesto a adaptarte y mejorar continuamente. Las expectativas de los clientes cambian con el tiempo, y lo que fue memorable en el pasado puede no serlo en el futuro. Por eso es crucial estar siempre atento a las opiniones de los clientes, aprender de sus experiencias y buscar maneras de mejorar lo que ofreces. Escuchar los comentarios y ajustar tu enfoque no solo te ayudará a seguir sorprendiendo a tus clientes, sino que también te permitirá estar un paso adelante de la competencia.

En conclusión, crear experiencias memorables es una de las mejores formas de diferenciarte y construir una relación sólida con tus clientes. Esto no se trata de gastar mucho dinero o hacer grandes gestos, sino de prestar atención a los detalles, sorprender al cliente con pequeñas acciones que demuestren que te importa, personalizar el trato y asegurarte de que la experiencia de compra sea fluida y agradable. Cuando logras que un cliente se vaya con una sonrisa, habrás creado una experiencia que recordará y compartirá, lo que no solo aumentará sus probabilidades de volver, sino también de atraer a otros. Crear experiencias memorables es una inversión a largo plazo que genera grandes recompensas en términos de lealtad y crecimiento.

Cómo Incrementar el Valor de tu Producto o Servicio

Incrementar el valor de tu producto o servicio es una de las estrategias más importantes para destacarte en el mercado y asegurar que los clientes elijan lo que ofreces por encima de la competencia. Muchas veces, el valor no está solo en lo que el producto es, sino en cómo se percibe, en la experiencia que rodea la compra, y en lo que significa para el cliente. El valor, entonces, no está limitado al costo o las características del producto; se extiende a todo lo que el cliente recibe antes, durante y después de la compra. Cuando logras aumentar el valor de tu producto o servicio, no solo puedes justificar un precio más alto, sino que también puedes generar una lealtad más fuerte en tus clientes, porque se sentirán verdaderamente satisfechos con lo que obtienen.

Uno de los primeros pasos para incrementar el valor de tu producto o servicio es mejorar la percepción que tiene el cliente sobre lo que ofreces. Esto significa que debes asegurarte de que el cliente entienda claramente todos los beneficios que va a recibir al comprar tu producto. A menudo, los vendedores se enfocan únicamente en las características del producto, como si el cliente pudiera interpretar automáticamente cómo esas características le serán útiles. Pero no siempre es así. Un cliente necesita que le expliques de manera clara y directa cómo esas características se traducen en soluciones para sus problemas o necesidades. Por ejemplo, si estás vendiendo un teléfono móvil, no basta con decir que tiene una batería de larga duración o una cámara de alta calidad; necesitas explicar cómo esos elementos harán su vida más fácil o mejorarán su experiencia diaria, ya sea permitiéndole tomar fotos de alta calidad en cualquier momento o evitando que tenga que cargar el teléfono constantemente.

Otra manera efectiva de incrementar el valor de tu producto o servicio es agregar beneficios adicionales que no necesariamente estén relacionados con el producto en sí, pero que complementen la experiencia del cliente. Estos beneficios adicionales pueden ser servicios post-venta, garantías extendidas, soporte técnico gratuito o acceso a recursos exclusivos. Un ejemplo claro de esto es cuando compras un dispositivo electrónico y, además de obtener el producto, te ofrecen un servicio de instalación gratuito o una línea de atención al cliente 24/7. Estos beneficios adicionales no son parte directa del producto, pero aumentan su valor al ofrecer al cliente algo más que simplemente el artículo que compró. Estas adiciones hacen que el cliente sienta que está obteniendo más por su dinero y que realmente está haciendo una compra inteligente.

La calidad del servicio también es un factor clave en la percepción del valor. Aunque tu producto sea excelente, si el servicio al cliente es deficiente, el valor percibido disminuirá considerablemente. Los clientes no solo compran productos; compran experiencias. Si desde el primer momento se sienten bien atendidos, escuchados y valorados, verán tu producto o servicio con mejores ojos. Un buen servicio al cliente incluye la rapidez en las respuestas, la amabilidad en el trato y la capacidad para resolver problemas de manera eficiente. Además, si puedes personalizar el servicio de alguna manera, como recordar los nombres de los clientes frecuentes o sus preferencias, estarás creando una conexión más fuerte que incrementará la percepción de valor de lo que ofreces.

Otra estrategia importante para incrementar el valor de tu producto o servicio es crear una narrativa alrededor de él. A la gente le encantan las historias, y cuando puedes asociar tu producto con una historia convincente, su valor aumenta automáticamente. No se trata solo de lo que vendes, sino del "por qué" lo vendes. Por ejemplo, si tienes una empresa que fabrica ropa, puedes contar la historia detrás de cómo seleccionas los materiales, cómo te aseguras de que los trabajadores sean tratados de manera justa, y cómo cada prenda es producida de manera sostenible para proteger el medio ambiente. De repente, el producto no es solo una prenda de vestir; es una prenda con un propósito, con un impacto positivo. Esto le agrega un valor emocional y ético que muchos clientes están dispuestos a pagar. Al humanizar tu producto a través de una historia, lo haces más valioso porque el cliente se conecta no solo con el artículo, sino también con los valores y principios detrás de él.

Además de contar una historia convincente, la exclusividad puede jugar un papel importante en la percepción de valor. Las personas tienden a valorar más lo que es exclusivo o limitado, ya que sienten que están obteniendo algo que no todos pueden tener. Esto no significa que debas limitar la disponibilidad de tu producto de manera artificial, pero puedes encontrar formas de hacerlo sentir especial. Por ejemplo, podrías lanzar ediciones limitadas, ofrecer productos personalizados o dar acceso anticipado a ciertos clientes. Estas estrategias hacen que el cliente sienta que está obteniendo algo único, lo cual incrementa su percepción de valor.

La experiencia de compra también es un factor crítico en la percepción de valor. Asegúrate de que la experiencia sea fluida, placentera y sin complicaciones. Si tienes una tienda física, presta atención al ambiente: que sea acogedor, que esté bien iluminado y organizado. Si vendes en línea, asegúrate de que el sitio web sea fácil de navegar, que el proceso de compra sea rápido y que el cliente reciba confirmaciones claras y detalladas. Cuanto más sencilla y agradable sea la experiencia, más valor percibirá el cliente. Nadie quiere pasar por una compra frustrante, incluso si el producto es excelente. Una mala experiencia puede reducir considerablemente el valor percibido del producto, mientras que una experiencia de compra placentera puede aumentarlo, incluso si el producto es el mismo.

Otra manera de incrementar el valor de tu producto o servicio es ofrecer capacitación o asesoramiento adicional. En muchos casos, el cliente puede no estar completamente seguro de cómo utilizar el producto al máximo, o puede tener dudas sobre cómo obtener los mejores resultados. Si puedes ofrecerles tutoriales, guías de uso o incluso asesoramiento personalizado, estarás agregando valor al ayudarles a sacar el máximo provecho de su compra. Por ejemplo, si vendes un software, podrías ofrecer capacitación gratuita para que los clientes aprendan a utilizar todas las funciones. Este tipo de apoyo no solo mejora la satisfacción del cliente, sino que también aumenta el valor percibido, ya que el cliente siente que está recibiendo mucho más que solo un producto.

La comunidad también es una forma poderosa de agregar valor. Si puedes crear una comunidad alrededor de tu producto o servicio, donde los clientes puedan interactuar entre sí, compartir consejos o aprender unos de otros, habrás creado un valor adicional que va más allá de lo que ofreces. Muchas empresas exitosas han logrado esto mediante la creación de foros, grupos en redes sociales o eventos exclusivos para sus clientes. Cuando los clientes sienten que son parte de una comunidad, no solo están comprando un producto, sino que están participando en una experiencia colectiva que enriquece su vida. Esta sensación de pertenencia agrega valor de una manera que pocas otras estrategias pueden lograr.

Finalmente, la percepción de valor también se incrementa cuando el cliente siente que está recibiendo un trato justo. Esto no significa necesariamente que debas reducir tus precios, sino que debes asegurarte de que el cliente entienda claramente por qué tu producto o servicio tiene el precio que tiene. La transparencia es clave aquí. Explica de manera clara por qué el precio es justo, destacando los costos asociados con la calidad de los materiales, el esfuerzo detrás del proceso de fabricación o los beneficios que ofrece tu servicio. Cuando los clientes entienden el "por qué" detrás del precio, están más dispuestos a pagar porque sienten que están recibiendo un valor acorde.

En resumen, incrementar el valor de tu producto o servicio va mucho más allá de mejorar sus características. Se trata de mejorar la percepción del cliente, agregar beneficios adicionales, brindar un servicio excelente, contar una historia convincente, ofrecer una experiencia de compra agradable, proporcionar apoyo adicional, crear una comunidad y ser transparente en cuanto a los precios. Todo esto contribuye a que el cliente sienta que está obteniendo mucho más que un simple producto; está obteniendo una experiencia completa que justifica el precio y, más importante, que lo hace sentir satisfecho y valorado. Cuando logras esto, no solo estás vendiendo un producto o servicio; estás creando una relación de largo plazo con tus clientes, quienes verán en tu oferta un valor que va más allá de lo tangible.

Vender Valor en Lugar de Precio

Vender valor en lugar de precio es una de las estrategias más importantes para cualquier vendedor que quiera destacar en el mercado actual. Muchas veces, cuando los clientes comparan productos o servicios, lo primero que miran es el precio. Esto puede llevar a una competencia agresiva basada únicamente en quién ofrece el precio más bajo. Sin embargo, esa no es una estrategia sostenible ni efectiva a largo plazo. Reducir constantemente los precios puede erosionar las ganancias y, en algunos casos, hacer que el producto o servicio pierda calidad. Además, competir solo por precio no crea una conexión sólida con el cliente. En cambio, vender basándose en el valor que ofreces puede transformar la forma en que los clientes ven lo que vendes, generando una relación más duradera y gratificante.

Cuando hablamos de vender valor, nos referimos a hacer que el cliente entienda que lo que está comprando va mucho más allá del costo monetario. No es solo el producto o servicio lo que importa, sino la experiencia total, los beneficios adicionales, la satisfacción a largo plazo y la solución que le estás proporcionando.

Cuando logras vender con esta mentalidad, el precio pasa a ser un factor secundario, porque el cliente entiende que está obteniendo algo de mucho más valor que lo que pagará. Es aquí donde el concepto de valor se vuelve tan poderoso: mientras que el precio es una cifra, el valor es una sensación, una percepción de cuánto algo puede mejorar la vida del cliente.

El primer paso para vender valor en lugar de precio es cambiar tu enfoque como vendedor. Si tu mentalidad está centrada en competir por el precio más bajo, estarás enviando el mensaje de que el producto solo vale lo que cuesta. Pero si te enfocas en resaltar los beneficios, las ventajas y la diferencia que tu producto o servicio puede hacer en la vida del cliente, estarás vendiendo mucho más que una transacción económica. Estarás vendiendo una solución, una experiencia, una transformación. Para lograr esto, necesitas conocer muy bien no solo lo que vendes, sino también las necesidades profundas de tu cliente. ¿Qué problemas tienen? ¿Cómo tu producto puede mejorar su vida? ¿Qué les preocupa o qué buscan en una solución? Cuando entiendes esto, puedes posicionar tu oferta como algo valioso, más allá del simple número en la etiqueta.

Un aspecto clave para vender valor es enfocarse en los resultados que el cliente obtendrá. No es suficiente hablar sobre las características técnicas o los detalles del producto; lo que el cliente realmente quiere saber es cómo ese producto o servicio cambiará su vida o su negocio. Si vendes un software, por ejemplo, en lugar de enfocarte solo en las funciones que tiene, deberías hablar sobre cómo ese software ahorrará tiempo, reducirá errores y mejorará la eficiencia en el trabajo diario. Si vendes ropa, no es solo la tela o el diseño lo que importa, sino cómo hará sentir al cliente cuando la use, qué impresión dará en una reunión o cómo se verá más seguro y confiado. Al resaltar los resultados que el cliente obtendrá, estarás mostrando el verdadero valor de tu producto o servicio, y el precio se vuelve un tema mucho menos relevante.

Además, vender valor implica también educar al cliente. Muchas veces, los clientes no están completamente informados sobre todo lo que tu producto o servicio puede hacer por ellos. Como vendedor, es tu responsabilidad asegurarte de que comprendan todos los beneficios y las ventajas que obtendrán. Esto no significa bombardearlos con información, sino guiarles de manera clara y simple hacia la comprensión de cómo tu oferta es la mejor opción para ellos. Cuando los clientes están bien informados, tienden a tomar decisiones más basadas en el valor que en el precio. Por ejemplo, si un cliente está considerando dos productos y uno de ellos es más caro, pero tú logras explicarle de manera clara por qué tu producto ofrece más valor en términos de durabilidad, rendimiento o servicio adicional, es más probable que elija tu oferta, incluso si tiene un precio más alto.

Otro aspecto importante de vender valor en lugar de precio es crear una experiencia de compra memorable. Desde el primer momento en que el cliente tiene contacto con tu marca, debe sentir que está recibiendo algo especial. Esto puede ser a través de un servicio al cliente excepcional, un proceso de compra sencillo y personalizado, o incluso pequeños detalles que hacen que la experiencia sea más agradable y significativa. Cuando el cliente siente que está recibiendo un trato especial, automáticamente percibe más valor en lo que está comprando. Es la diferencia entre ir a una tienda donde el personal te trata de manera impersonal y otra donde te saludan con tu nombre, te ofrecen recomendaciones basadas en tus preferencias anteriores y te hacen sentir como alguien valioso. Ese tipo de experiencia añade un valor que va mucho más allá del producto en sí.

También es importante destacar que vender valor no significa que tengas que ignorar el precio por completo. En realidad, puedes utilizar el precio como una forma de reforzar el valor. Si tienes un producto que es más caro que el de la competencia, en lugar de disculparte por el precio, puedes utilizarlo como una oportunidad para explicar por qué cuesta más. Un precio más alto puede ser una señal de calidad, exclusividad o beneficios adicionales que la competencia no ofrece. La clave está en que el cliente entienda exactamente por qué está pagando más y qué recibirá a cambio. Si logras comunicar esto de manera efectiva, el cliente verá el precio como una inversión, no como un gasto.

Además, cuando vendes valor en lugar de precio, estás construyendo relaciones a largo plazo con tus clientes. Al enfocarte en lo que realmente importa para ellos, les estás mostrando que no solo te interesa hacer una venta rápida, sino que realmente quieres ayudarlos a mejorar sus vidas o resolver sus problemas. Esta mentalidad crea confianza y fidelidad, y cuando un cliente confía en ti, está dispuesto a seguir comprando, independientemente del precio. Un cliente fiel no busca solo el mejor precio; busca la mejor experiencia y el mejor valor a largo plazo. Así es como logras que vuelvan una y otra vez, porque saben que contigo están obteniendo mucho más que un simple producto.

Una de las grandes ventajas de vender valor es que te aleja de las guerras de precios. Competir solo por precio es una carrera hacia abajo, donde al final nadie gana, ni el vendedor ni el cliente. Cuando vendes valor, puedes justificar precios más altos, mantener tus márgenes y, lo más importante, crear una diferenciación clara frente a la competencia. Mientras otros se preocupan por bajar precios, tú te enfocas en aumentar el valor percibido por el cliente, lo que te pone en una posición más sólida y te permite construir una base de clientes más leal y satisfecha.

Finalmente, vender valor también significa asegurarte de que el cliente tenga una buena experiencia post-compra. No es suficiente hacer una buena venta; debes asegurarte de que el cliente siga percibiendo valor incluso después de haber pagado. Esto puede ser a través de un excelente servicio postventa, seguimiento personalizado, o incluso pequeños gestos como agradecerles por su compra o ofrecerles recomendaciones adicionales basadas en sus preferencias. Cuando un cliente siente que sigue recibiendo valor después de la compra, es más probable que vuelva y que recomiende tu producto o servicio a otros.

En resumen, vender valor en lugar de precio es una estrategia que no solo te ayuda a destacar en un mercado competitivo, sino que también te permite construir relaciones más sólidas y duraderas con tus clientes. Se trata de enfocar tus esfuerzos en lo que realmente importa para el cliente, mostrarle cómo tu producto o servicio puede mejorar su vida, y crear una experiencia de compra que va más allá del precio. Cuando logras hacer esto de manera efectiva, el precio pasa a un segundo plano y el cliente estará dispuesto a pagar más, porque sabrá que lo que está recibiendo tiene un valor mucho mayor.

Cómo Cambiar la Percepción del Cliente sobre el Valor

Cambiar la percepción del cliente sobre el valor de un producto o servicio es una tarea que requiere un enfoque consciente y estratégico. La forma en que un cliente percibe el valor de lo que le estás ofreciendo no siempre está alineada con la realidad. A veces, un cliente puede ver un producto como caro, innecesario o de menor calidad simplemente porque no entiende completamente sus beneficios o porque está comparándolo con alternativas más económicas. Como vendedor, tu trabajo es ayudar al cliente a ver más allá del precio o de las apariencias iniciales, y mostrarle que lo que ofreces realmente vale la pena. Cambiar esa percepción no sucede de la noche a la mañana, pero con las herramientas correctas, es posible transformar cómo los clientes valoran lo que vendes.

El primer paso para cambiar la percepción del cliente sobre el valor es entender cómo ese cliente actualmente ve tu producto o servicio. Esto significa que tienes que hacer un esfuerzo por escuchar y comprender sus expectativas, sus preocupaciones y sus necesidades. Si el cliente percibe que el producto es caro,

¿por qué lo piensa? ¿Está comparando con otra opción más barata? ¿No entiende todos los beneficios que tu producto ofrece? Saber exactamente cómo el cliente está pensando te da una ventaja importante porque puedes enfocar tus esfuerzos en las áreas donde la percepción está más equivocada. Aquí, el diálogo con el cliente se vuelve fundamental, ya que solo preguntando y explorando lo que realmente piensan podrás detectar las barreras que hay en su percepción.

Una vez que entiendes las percepciones actuales, el siguiente paso es educar al cliente sobre el verdadero valor de tu producto o servicio. La educación es una de las herramientas más poderosas para cambiar la percepción, ya que muchas veces el cliente simplemente no está al tanto de todos los aspectos positivos que tu producto puede ofrecer. Para educar de manera efectiva, no basta con dar una lista de características técnicas o un montón de datos que el cliente puede no entender o apreciar. Lo que realmente funciona es mostrar cómo tu producto puede solucionar un problema específico o mejorar su vida de manera tangible.

Debes ser capaz de comunicar de manera clara y sencilla por qué tu producto es la mejor opción para el cliente, cómo puede beneficiarlo y qué lo diferencia de las demás opciones en el mercado.

Es importante recordar que los seres humanos toman decisiones de compra no solo con la cabeza, sino también con el corazón. Esto significa que cambiar la percepción del valor de un producto no solo tiene que ver con lógica y datos, sino también con emociones. Para cambiar la percepción de valor, es clave hacer que el cliente se sienta conectado emocionalmente con lo que ofreces. Por ejemplo, si vendes un coche, no te limites a hablar de la potencia del motor o el kilometraje. En lugar de eso, habla sobre las experiencias que el cliente vivirá con ese coche, cómo será la sensación de seguridad al viajar con su familia, o el orgullo que sentirá al conducirlo. Las emociones son una palanca muy poderosa para cambiar la percepción, y cuando logras que el cliente sienta una conexión emocional con tu producto, es mucho más probable que perciba un mayor valor en él.

Otra manera de cambiar la percepción del cliente sobre el valor es a través de testimonios o casos de éxito. A veces, un cliente no confía completamente en lo que le estás diciendo hasta que ve ejemplos reales de personas que ya han utilizado tu producto o servicio y han tenido resultados positivos. Los testimonios son una forma excelente de mostrar valor en acción. Cuando un cliente potencial ve que otros han obtenido resultados, soluciones o beneficios reales gracias a tu producto, su percepción cambia de inmediato. Los casos de éxito también funcionan porque permiten que el cliente se imagine a sí mismo en esa misma situación de éxito. En lugar de verse solo comprando un producto, se ven disfrutando de los beneficios que ese producto les ofrece, lo cual refuerza la percepción de valor.

Además, para cambiar la percepción del cliente sobre el valor, debes asegurarte de crear una experiencia de compra positiva desde el primer contacto. Si el cliente tiene una experiencia negativa, ya sea porque el proceso de compra es complicado, el servicio al cliente no es el adecuado, o simplemente no se siente atendido, la percepción de valor se verá afectada desde el inicio. Por el contrario, cuando el cliente siente que todo el proceso de compra es fluido, agradable y bien atendido, automáticamente tiende a percibir más valor en el producto o servicio. Es importante recordar que no solo estás vendiendo un producto; estás vendiendo una experiencia completa. La manera en que tratas al cliente y cómo lo haces sentir durante todo el proceso puede influir drásticamente en cómo percibe lo que le ofreces.

Otro aspecto fundamental para cambiar la percepción de valor es ofrecer beneficios adicionales que no esperaba. Esto puede ser algo tan simple como un buen servicio postventa, una garantía extendida, o incluso un pequeño regalo con la compra. Estos detalles inesperados ayudan a crear una sensación de que el cliente está recibiendo más de lo que paga, lo cual cambia inmediatamente su percepción del valor. No es solo lo que está comprando, sino todo lo que viene acompañado de esa compra. Este tipo de acciones refuerzan la idea de que lo que ofreces no solo vale lo que cuesta, sino que incluso supera las expectativas. Y cuando superas las expectativas, el cliente se va con una percepción mucho más alta del valor de tu producto o servicio.

A nivel psicológico, también es importante jugar con el concepto de la escasez y la exclusividad para cambiar la percepción del valor. Cuando un producto es percibido como escaso o exclusivo, el cliente tiende a valorarlo más. Esto es algo que ocurre naturalmente en el comportamiento humano: lo que es más difícil de conseguir o lo que es exclusivo automáticamente parece tener más valor. Si puedes posicionar tu producto o servicio como algo único o limitado, es mucho más probable que el cliente lo vea como algo de mayor valor. Esto no significa que debas falsear la información, pero sí puedes enfatizar aspectos únicos de tu producto que lo hacen más atractivo y valioso.

Otra forma de influir en la percepción del cliente sobre el valor es utilizando comparaciones estratégicas. Muchas veces, un cliente necesita tener un punto de referencia para entender por qué algo vale lo que vale. Si puedes hacer una comparación clara entre tu producto y el de la competencia, mostrando por qué lo que ofreces es superior, puedes ayudar a cambiar la percepción. Sin embargo, es importante que estas comparaciones sean honestas y se enfoquen en lo que realmente marca la diferencia. No se trata de hablar mal de la competencia, sino de destacar lo que hace que tu producto sea una mejor inversión para el cliente.

Finalmente, para cambiar la percepción del cliente sobre el valor, debes ser paciente y consistente en tu mensaje. Cambiar una percepción no sucede de inmediato; puede tomar tiempo, especialmente si el cliente ya tiene una idea preconcebida o ha tenido malas experiencias en el pasado. La clave es mantener una comunicación clara, constante y centrada en los beneficios que realmente importan para el cliente. Si logras mantener ese enfoque y eres coherente en mostrar cómo tu producto o servicio ofrece un valor real y tangible, eventualmente el cliente comenzará a ver las cosas de manera diferente. Es una inversión de tiempo, pero los resultados valen la pena.

En resumen, cambiar la percepción del cliente sobre el valor es un proceso que requiere educación, emociones, ejemplos concretos y una experiencia positiva. Al entender cómo el cliente ve actualmente tu producto, educarlo sobre los beneficios reales, conectarlo emocionalmente y ofrecerle una experiencia que supere sus expectativas, puedes transformar la forma en que valora lo que ofreces. Esto no solo te ayudará a cerrar más ventas, sino que también te permitirá crear relaciones más sólidas y duraderas con tus clientes, basadas en una comprensión mutua del verdadero valor que proporcionas.

Andrew Howard

Construyendo Relaciones a Largo Plazo Basadas en Valor

Construir relaciones a largo plazo basadas en el valor es uno de los aspectos más importantes para cualquier negocio que desee prosperar de manera sostenible. Vender un producto o servicio una sola vez no es suficiente para garantizar el éxito a largo plazo. Lo que realmente importa es cómo puedes mantener a tus clientes felices, satisfechos y convencidos de que siempre recibirán algo de valor de ti, más allá de la transacción inicial. Las relaciones basadas en el valor no solo permiten que los clientes regresen una y otra vez, sino que también promueven la lealtad, el boca a boca positivo y una reputación sólida. Para lograr esto, es esencial entender que no se trata solo de vender, sino de cultivar una relación genuina con tus clientes, basada en confianza, respeto y, sobre todo, en el valor que les ofreces constantemente.

El primer paso para construir relaciones duraderas es ser auténtico desde el principio. Los clientes saben cuando un vendedor está siendo sincero o solo está interesado en cerrar una venta. Si desde el principio muestras una verdadera intención de ayudar al cliente, escucharlo y resolver sus problemas, esa relación comenzará en una base sólida. Esta autenticidad es clave para que el cliente sienta que puede confiar en ti. No debes prometer cosas que no puedes cumplir o exagerar los beneficios de tu producto. Si el cliente percibe que lo estás engañando o manipulando, la relación se romperá rápidamente. Por lo tanto, ser honesto y transparente en todo momento es la base sobre la cual se construyen relaciones a largo plazo.

Otro aspecto esencial es demostrarle al cliente que lo valoras, no solo como comprador, sino como una persona que confía en tu producto o servicio. Para ello, debes invertir tiempo y esfuerzo en conocer a tus clientes de manera más profunda. Esto significa escuchar activamente lo que dicen, comprender sus necesidades y problemas, y ofrecer soluciones que realmente les ayuden. Cuanto más entiendas a tus clientes, más fácil será para ti agregar valor a sus vidas, ya que podrás adaptar tus productos o servicios a lo que realmente necesitan. Esta personalización no solo les muestra que te importa su experiencia, sino que también refuerza la idea de que estás comprometido a ayudarlos, lo que es fundamental para mantener una relación a largo plazo.

Construir relaciones basadas en valor también implica seguir brindando apoyo incluso después de que la venta ha sido realizada. Muchos negocios cometen el error de olvidarse del cliente una vez que la transacción ha sido completada. Sin embargo, el verdadero valor se demuestra cuando, después de la venta, sigues disponible para resolver dudas, ofrecer asistencia o proporcionar recomendaciones adicionales. Este tipo de servicio postventa es crucial para demostrar que tu relación con el cliente no termina cuando se recibe el pago, sino que continúa en el tiempo. Cuando un cliente ve que estás dispuesto a mantener el contacto y brindar apoyo continuo, se siente mucho más valorado y es más probable que vuelva a comprar en el futuro.

Un componente clave para fortalecer una relación a largo plazo es superar las expectativas del cliente de forma consistente. Cuando logras sorprender a tu cliente con algo que no esperaba, como un beneficio adicional, un servicio extra o simplemente una atención personalizada, estás añadiendo más valor del que inicialmente se esperaba. Este "valor añadido" no tiene que ser algo grande o costoso. Puede ser un pequeño detalle, como una nota de agradecimiento personalizada, un descuento especial por ser cliente frecuente o incluso un seguimiento personalizado para asegurarte de que el producto que compró esté cumpliendo sus expectativas. Estos detalles muestran que te importa su satisfacción y que estás dispuesto a hacer un esfuerzo adicional por ellos.

Otro factor importante para construir relaciones basadas en valor es ser consistente. Un cliente necesita saber que puede confiar en ti en todo momento. Esto significa que, cada vez que interactúes con ellos, deben recibir el mismo nivel de calidad en el producto, servicio y atención. La inconsistencia genera desconfianza y puede arruinar la relación. Si en una ocasión brindas un excelente servicio y en la siguiente el cliente tiene una experiencia mediocre, su percepción del valor se verá afectada negativamente. Por el contrario, si siempre entregas lo que prometes y te aseguras de que cada interacción sea positiva, estarás creando una base sólida para una relación duradera.

La comunicación regular también es clave para mantener viva la relación. No se trata de bombardear al cliente con ofertas o mensajes publicitarios, sino de mantenerlo informado sobre novedades relevantes para él, preguntarle por su experiencia o simplemente estar disponible cuando te necesite. Esta comunicación constante, pero equilibrada, refuerza la idea de que te importa y de que siempre estás dispuesto a ayudarlo. Además, al mantener un canal de comunicación abierto, puedes identificar cualquier problema que pueda surgir y solucionarlo antes de que afecte negativamente la relación. La retroalimentación también es fundamental. Preguntar a tus clientes sobre cómo mejorar tus productos o servicios no solo te ayuda a mejorar, sino que también les demuestra que valoras su opinión.

Un aspecto que no se puede ignorar es la reciprocidad. Cuando te enfocas en dar valor primero, en lugar de pedir algo a cambio, creas un lazo de confianza. Los clientes que sienten que han recibido más de lo que esperaban, sin sentir la presión de comprar, tienden a desarrollar una relación más profunda y genuina con la empresa. Esta filosofía de dar antes de recibir refuerza la idea de que te interesa más ayudarlos que simplemente hacer una venta. Con el tiempo, esta reciprocidad genera lealtad, ya que los clientes valoran más a las empresas que realmente se preocupan por su bienestar.

Además, construir relaciones a largo plazo basadas en valor requiere adaptarse a las necesidades cambiantes de los clientes. Las personas cambian, sus necesidades evolucionan, y lo que hoy les aporta valor, tal vez no lo haga dentro de un año. Por eso, es fundamental estar siempre atento a cómo esas necesidades se transforman y ajustar tus productos o servicios en consecuencia. Si logras mantenerte relevante para el cliente, anticipando sus necesidades futuras, te convertirás en un recurso confiable que ellos buscarán de manera recurrente. Esto no solo fortalece la relación, sino que también asegura que tu oferta siga siendo vista como valiosa con el paso del tiempo.

En este sentido, la innovación juega un papel importante. No puedes esperar mantener una relación a largo plazo si ofreces siempre lo mismo sin mejorar o evolucionar. Los clientes aprecian cuando una empresa se mantiene actualizada, busca maneras de mejorar y ofrece nuevas soluciones. Esto no significa que debas cambiar radicalmente lo que ofreces, pero sí es importante estar abierto a nuevas ideas, actualizaciones y mejoras continuas que añadan valor a la experiencia del cliente.

Finalmente, es importante recordar que construir relaciones a largo plazo basadas en valor no es un proceso rápido. Requiere tiempo, dedicación y paciencia. Los clientes no se convertirán en leales de la noche a la mañana, pero si trabajas constantemente en ofrecerles valor, escuchar sus necesidades, sorprenderlos con detalles adicionales y mantener una comunicación abierta y honesta, estarás construyendo una relación que no solo te permitirá retener a esos clientes, sino que también hará que ellos te recomienden a otros. Las relaciones basadas en valor son la mejor estrategia para un negocio exitoso y sostenible a largo plazo, porque no se basan únicamente en la transacción, sino en el impacto positivo que generas en la vida de tus clientes.

Hacer del Valor la Cultura de Tu Empresa

Hacer del valor la cultura de tu empresa es un enfoque que transforma la forma en que se hacen negocios, no solo para el éxito inmediato, sino para el crecimiento a largo plazo. Cuando hablamos de hacer del valor una parte fundamental de la cultura empresarial, nos referimos a mucho más que simplemente ofrecer un buen producto o servicio. Estamos hablando de construir una empresa que, en cada aspecto de su operación, desde cómo trata a los empleados hasta cómo se relaciona con los clientes, esté orientada a brindar algo valioso, auténtico y significativo. Este enfoque no solo tiene el poder de diferenciarte de la competencia, sino que también crea una base sólida de confianza y lealtad que puede llevar a tu empresa al siguiente nivel.

El primer paso para hacer del valor una parte integral de la cultura de tu empresa es comenzar desde adentro. Si los empleados no creen en el valor que están proporcionando, o si no entienden lo que significa agregar valor, será difícil transmitir eso a los clientes. Por eso, es esencial que todos en la empresa, desde la dirección hasta el equipo de ventas, compartan la misma visión de lo que significa crear valor. Esto se puede lograr a través de una comunicación clara y de una formación constante, donde todos los empleados entiendan la importancia de centrarse en el cliente y en cómo agregar valor en cada interacción. Si cada miembro del equipo está alineado con esta visión, la cultura empresarial empezará a reflejar ese compromiso con el valor.

Hacer del valor la cultura de tu empresa también significa establecer valores claros que guíen todas las decisiones. Estos valores deben ser más que simples palabras en una pared o en un manual de empleados; deben ser principios que guíen el comportamiento de cada persona en la empresa. Por ejemplo, si uno de los valores es la honestidad, entonces todas las interacciones con los clientes deben ser transparentes, sin promesas exageradas ni tácticas engañosas. Si el respeto es un valor central, eso debe reflejarse en cómo se trata a los clientes y a los empleados, tanto en persona como en las comunicaciones. Estos valores forman el corazón de una cultura de valor, y cuando se aplican de manera coherente, ayudan a establecer una base sólida sobre la que se pueden construir relaciones duraderas con los clientes.

Otro aspecto importante para crear una cultura centrada en el valor es el enfoque en la innovación continua. El valor no es algo estático; debe evolucionar constantemente a medida que cambian las necesidades y expectativas de los clientes. Las empresas que logran hacer del valor parte de su cultura son aquellas que están siempre buscando nuevas formas de mejorar sus productos, servicios y la experiencia del cliente. Esto no significa que siempre debas reinventar la rueda, pero sí implica tener una mentalidad abierta a los cambios y estar dispuesto a adaptar tu oferta para seguir siendo relevante. Cuando una empresa se compromete a innovar en beneficio de sus clientes, demuestra que está dedicada a proporcionar valor real a largo plazo, no solo a vender algo una vez.

Además, hacer del valor la cultura de tu empresa implica poner siempre al cliente en el centro de todas las decisiones. Esto significa que cada vez que se tome una decisión importante, ya sea sobre el lanzamiento de un nuevo producto, un cambio en los precios o la manera en que se atiende a los clientes, se debe considerar cómo afectará eso al valor que se está proporcionando. Si los clientes sienten que siempre están siendo considerados y que sus necesidades son una prioridad, se establecerá una relación de confianza. Esta orientación hacia el cliente también debe reflejarse en la forma en que se manejan las quejas o problemas. Las empresas que han hecho del valor su cultura ven los problemas de los clientes como oportunidades para mejorar y fortalecer la relación, no como obstáculos.

La forma en que se lidera la empresa también es crucial para fomentar una cultura de valor. Los líderes deben predicar con el ejemplo, demostrando en sus acciones diarias cómo se vive ese valor. Si los líderes de la empresa no están comprometidos con agregar valor o no se comportan de acuerdo con los valores establecidos, será difícil que los empleados lo hagan. Un liderazgo que realmente encarna los principios de valor crea un ambiente donde los empleados se sienten motivados a hacer lo mismo. Los líderes deben estar comprometidos con brindar apoyo, recursos y orientación, no solo para que el equipo venda más, sino para que entienda mejor cómo proporcionar un valor duradero a los clientes.

Hacer del valor la cultura de tu empresa también implica reconocer y recompensar a los empleados que realmente se destacan por agregar valor. Esto puede ser tan simple como un reconocimiento público en una reunión de equipo o un incentivo más formal. El punto es que, cuando los empleados ven que su esfuerzo por agregar valor es apreciado, estarán más motivados a continuar haciéndolo. Crear una cultura de valor no es algo que pueda lograrse solo desde arriba; necesita ser algo que todos en la empresa adopten y promuevan, y eso requiere que los esfuerzos sean reconocidos y celebrados.

Otro aspecto fundamental es mantener una relación sólida con los proveedores y colaboradores de tu empresa. Si los proveedores ven que también se les trata con respeto y que se busca generar valor en la relación, estarán más dispuestos a colaborar para mejorar la oferta final a los clientes. Las relaciones sólidas y basadas en el valor con los proveedores pueden ayudarte a obtener mejores productos, servicios y precios, lo que al final del día también se traduce en más valor para tus clientes. Este enfoque en el valor debe ser parte de todas las relaciones que mantenga la empresa, no solo las que tiene directamente con los clientes.

Es importante recordar que crear una cultura de valor lleva tiempo y esfuerzo. No es algo que ocurra de la noche a la mañana, y tampoco es algo que pueda implementarse de manera superficial. Para que realmente funcione, debe integrarse profundamente en la forma en que la empresa opera, en cada nivel. Desde las políticas internas hasta la manera en que se desarrollan los productos y se interactúa con los clientes, el valor debe ser el principio rector que guíe todas las acciones. Esto requiere un compromiso firme y una visión clara de lo que se quiere lograr.

También es importante que la cultura de valor no se quede estancada. A medida que el mercado evoluciona y los clientes cambian, la empresa debe estar dispuesta a ajustar su enfoque para seguir brindando valor relevante. Esto puede significar estar atentos a las nuevas tendencias del mercado, escuchar constantemente la retroalimentación de los clientes y estar dispuestos a cambiar cuando sea necesario. Mantener la flexibilidad y la apertura al cambio es esencial para asegurar que la cultura de valor siga siendo efectiva y que la empresa continúe siendo vista como una fuente confiable de valor para sus clientes.

En última instancia, cuando haces del valor la cultura de tu empresa, creas un entorno donde todos se benefician: los clientes, los empleados y el negocio en sí. Los clientes experimentan un valor real y duradero, lo que les hace volver una y otra vez. Los empleados se sienten motivados porque saben que están trabajando para algo que realmente importa y que mejora la vida de las personas. Y el negocio prospera porque una cultura de valor genera lealtad, confianza y una reputación positiva que es difícil de superar. Este enfoque no solo te ayuda a vender más, sino que te posiciona como una empresa que está comprometida con hacer la diferencia en la vida de sus clientes, lo que, al final del día, es la verdadera clave del éxito.